Brunhild Müller
Malen mit Wasserfarben

Werkbücher für Kinder, Eltern und Erzieher

9

Herausgegeben von der
Internationalen Vereinigung der Waldorfkindergärten

Brunhild Müller

Malen mit Wasserfarben

Verlag Freies Geistesleben

Neuausgabe (5. aktualisierte Auflage) 2005

Verlag Freies Geistesleben
Landhausstraße 82, 70190 Stuttgart
Internet: www.geistesleben.com

ISBN 3-7725-0449-3

© 1986 Verlag Freies Geistesleben
& Urachhaus GmbH, Stuttgart
Einband: Thomas Neuerer unter Verwendung eines Fotos von Charlotte Fischer
Druck: Westermann Druck, Zwickau

Inhalt

Kind und Farbe

Wir Menschen schauen mit unseren Augen in eine von Licht und Farben durchflutete Welt. Wir sehen den Himmel in stetig sich wandelnden Farben: in strahlendem Blau, fast schwarz in der Nacht, mit grauen und weißen Wolken, in ein geheimnisvolles Violett getaucht, aufflammend in Rot, leuchtend in gelben und orangefarbenen Tönen und im Regenbogen dazu in einem zarten Grün. Blicken wir rings um uns her, so leuchten uns alle Dinge farbig entgegen: der weiße Schnee, der graue Stein, das blau-grüne Meer, die roten Äpfel, die grüne Wiese, das goldgelbe Kornfeld, die violetten Veilchen, die braune Kuh.

Wir sind von Kindheit an in das Licht- und Farbengeschehen unserer Umgebung eingetaucht; es wirkt hinein in unser Lebensgefühl, unser Gestimmtsein. Dies zeigt sich in unserer Kleidung und drückt sich in dem Bedürfnis aus, sich farbenfroh zu schmücken.

Kinder lieben Farben. Von ihnen «angelockt», greifen schon die Kleinen nach den farbigen Gegenständen, und früh nehmen sie das Gesehene mit der dazu gehörenden Farbempfindung in ihr Gedächtnis auf. Sie werden eins mit den Farben, die ihnen aus ihrer Umgebung zuströmen, so eins, dass sie sich selbst innerlich farbig fühlen.

Sie nehmen mit dem Sehsinn die Farben auf und werden gleichzeitig von ihnen innig berührt: Die eine Farbe empfinden sie als wohltuend, die andere gibt ihnen das Gefühl des Unwohlseins. Sie erleben dies viel stärker als wir Erwachsenen, da sie viel unbefangener sind.

In den ersten Lebensjahren ist die Sinneswahrnehmung des Kindes noch rein. Alles, was von ihm wahrgenommen wird, prägt sich unmittelbar seinem Leib ein. Daher ist es z.B. für den Säugling wohltuend, wenn er nicht zu früh in das grelle Tageslicht und auch nicht in das kalte Licht der elektrischen Lampe schauen muss. Das kleine Kind nimmt Licht und Farben zunächst als unterschiedliche Helligkeiten wahr. Erst durch die Vorgänge des Licht- und Farbenwahrnehmens entwickelt sich sein Auge zum vollen Sehorgan: «Es bildet sich ein gesundes Sehen aus, wenn man die richtigen Farben- und Lichtverhältnisse in des Kindes Umgebung bringt.»[1]

Nicht nur das Auge des Kindes gestaltet sich durch die Farben, sondern auch seine Stoffwechselorganisation: «Wenn das Kind Farben sieht, so geschehen in ihm lebhafte Stoffwechselvorgänge. Das Kind konsumiert gewissermaßen die äußeren Eindrücke auch bis in seinen Stoffwechsel hinein. Man kann durchaus sagen, ohne bildlich, sondern ganz real zu sprechen: die Magenfunktion des Kindes richtet sich nicht nur nach den Speisen wegen des Geschmackes und ihrer Verdaulichkeit, sondern auch nach den Farbeneindrücken der Umgebung.»[2] Hier sei nur daran erinnert, dass die Farbe einer Speise oft ausschlaggebend dafür ist, ob das Kind die Speise ablehnt oder gerne isst (etwa rote Grütze oder Spinat).

Recht anschaulich beschreibt Rudolf Steiner die Wirkung der Farben auf das Kind in seiner Schrift *Die Erziehung des Kindes vom Gesichtspunkte der Geisteswissenschaft*: «Anders muss im Sinne der Geisteswissenschaft ein so genanntes nervöses, ein aufgeregtes, anders ein lethargisches, unregsames Kind in Bezug auf seine Umgebung behandelt werden. Alles kommt da in Betracht, von den Farben des Zimmers und der anderen Gegenstände, welche das Kind gewöhnlich umgeben, bis zu den Farben der Kleider, die man ihm anzieht. Ein aufgeregtes Kind muss man mit roten oder rotgelben Farben umgeben und ihm Kleider in solchen Farben machen lassen, dagegen ist bei einem unregsamen Kinde zu den blauen und blaugrünen Farben zu greifen. Es kommt nämlich auf die Farbe an, die als Gegenfarbe im Innern erzeugt wird. Das ist zum Beispiel bei Rot die grüne, bei Blau die orangegelbe Farbe, wie man sich leicht überzeugen kann, wenn man eine Weile auf eine entsprechend gefärbte Fläche blickt und dann rasch das Auge auf eine weiße Fläche richtet. Diese Gegenfarbe wird von den physischen Organen des Kindes erzeugt und bewirkt die entsprechenden dem Kinde notwendigen Organstrukturen. Hat das aufgeregte Kind eine rote Farbe in seiner Umgebung, so erzeugt das in seinem Inneren das grüne Gegenbild. Und die Tätigkeit des Grünerzeugens wirkt beruhigend, die Organe nehmen die Tendenz der Beruhigung in sich auf.»[3]

Viele Kinder bezeichnen, manchmal bis in die erste Schulzeit hinein, Rot als Grün und Grün als Rot, seltener Blau als Gelb und Gelb als Blau. Auch wechseln sie ihre Lieblingsfarbe, wie etwa das Kind, von dem mir seine Mutter erzählte, lange Zeit sei Grün seine Lieblingsfarbe gewesen, bis es gegen Ende des fünften Lebensjahres gesagt habe, Rot sei seine Lieblingsfarbe. Dies lässt sich dadurch erklären, dass die Gegenfarbe vom Kind zunächst noch stärker erlebt wird als die «fordernde» Farbe und sich dies erst im Laufe der Zeit dem Erlebnis des Erwachsenen, bei dem es umgekehrt ist, angleicht.

Ergänzend heißt es dazu bei Rudolf Steiner: «In jedem Sinnesorgan schafft das Willensmäßige das innere Bild. Das Sinnesorgan, passiv, hat zunächst nur die Aufgabe, sich oder den Menschen der Außenwelt zu exponieren, aber es findet in jedem Sinnesorgan eine innere Aktivität statt, und die ist willensartiger Natur. Und dieses Willensartige wirkt beim Kinde intensiv durch den ganzen Leib bis zum Zahnwechsel hin.»[4]

Die sinnlich-sittliche Wirkung der Farbe

Im Allgemeinen empfinden wir die Farben nicht als etwas Eigenständiges oder gar als Wesenhaftes. Unser Auge hat sich daran gewöhnt, die Farben den Dingen zuzuschreiben, sie «an den Dingen» zu sehen. Ihrem Wesen kommen wir erst mit unserem Seelenauge nahe: «Die Farben ändern das äußere Auge nicht wesentlich, wenn wir sie wahrnehmen, wohl aber das innere. Die Seele geht in sie über, und sie werden von ihr sittlich-wesenhaft empfunden.»[5] Dieses Empfinden des Sittlich-Wesenhaften wird von Goethe vor allem in dem Kapitel «Sinnlich-sittliche Wirkung der Farbe» seiner Farbenlehre näher beschrieben.[6] Rudolf Steiner greift Goethes Beobachtungen in mehreren pädagogischen Vorträgen auf und schließt Anregungen für das Malen mit Kindern daran an. Im Folgenden seien einige der Goetheschen Ausführungen auszugsweise wiedergegeben, da sie zu einem lebendigen Farbenverständnis beitragen können.

«Die Menschen empfinden im Allgemeinen eine große Freude an der Farbe.»

«Die Erfahrung lehrt uns, dass die einzelnen Farben besondre Gemütsstimmungen geben.»

«Die Farben Gelb, Rotgelb (Orange), Gelbrot (Mennig, Zinnober) stimmen regsam, lebhaft, strebend.»

«Die gelbe Farbe besitzt eine heitere, muntere, sanft reizende Eigenschaft; sie macht einen warmen und behaglichen Eindruck; in ihrer Reinheit ist sie angenehm und erfreulich; in ihrer ganzen Kraft hat sie etwas Heiteres und Edles, dagegen wirkt sie unangenehm, wenn sie beschmutzt ist.»

«Das Rotgelbe gibt eigentlich dem Auge das Gefühl von Wärme und Wonne. Das angenehme, heitere Gefühl, das uns das Rotgelbe noch gewährt, steigert sich bis zum unerträglich Gewaltsamen im hohen Gelbroten.»

«Die Farben Blau, Rotblau, Blaurot stimmen zu einer unruhigen, weichen und sehnenden Empfindung. Man kann sagen, dass Blau immer etwas Dunkles mit sich führt. Wir sehen das Blau gern an, nicht weil es auf uns dringt, sondern weil es uns nach sich zieht.»

«(Rotblau) Man wünscht auch mit dieser Farbe immer fortzugehen.»

«Man denke sich ein ganz reines Rot. Die Wirkung dieser Farbe ist so einzig wie ihre Natur. Sie gibt

9

einen Eindruck sowohl von Ernst und Würde als von Huld und Anmut.»

«Wenn man Gelb und Blau in ihrer Wirkung zusammenbringt, so entsteht diejenige Farbe, welche wir Grün nennen. Unser Auge findet in derselben eine reale Befriedigung. So ruht das Auge und das Gemüt auf diesem Gemischten wie auf einem Einfachen. Man will nicht weiter und man kann nicht weiter.»

Aber warum ist das Erfahren und Erleben der Farben in dieser Weise für den Menschen, insbesondere für das heranwachsende Kind, von so großer Bedeutung? Vielleicht kann uns hier die folgende Äußerung Rudolf Steiners weiterhelfen: «Das Betrachten des Farbigen kann überhaupt nicht geschehen, ohne in das Seelische heraufgehoben zu werden. Das Ich selber ist in der Farbe drinnen. Es ist das Ich und auch der menschliche Astralleib gar nicht von dem Farbigen zu unterscheiden, sie leben in dem Farbigen und sind insofern außer dem physischen Leib des Menschen, als sie mit dem Farbigen draußen verbunden sind; und das Ich und der astralische Leib, sie bilden im physischen Leibe und im Ätherleibe die Farben erst ab.»[7]

Für das jüngere Kind sind Außen- und Innenwelt nur wenig getrennt, sie empfangen mit dem äußeren Eindruck auch die Qualität der einzelnen Farbe, etwas von ihrer Eigenart, und sie erfühlen in ihrem Bewusstsein noch das unmaterielle, eigentliche Wesen des Roten, des Blauen, des Gelben und der anderen Farben. Dies verliert sich mit dem Älterwerden der Kinder. Spätestens die Schulkinder erleben die Farben vorwiegend als Eigenschaften der Dinge (die blaue Kugel, das rote Dach usw.). Dadurch erlahmt aber in der Seele die Kraft, die Farben in ihren unterschiedlichen Qualitäten und Wirkungen zu empfinden, und das Seelenauge kann sich nicht weiterentwickeln. Oft lernen die Kinder schon früh, dass Rot und Gelb warme Farben sind und Grün und Blau kalte, aber in ihrem Erleben können sie dies immer weniger mitvollziehen; so werden diese Urteile leicht zum abstrakten und toten Wissen. Wenn aber «das wesenhafte Erleben der Farbe in unserer Zeit nicht gepflegt wird und die mechanischen Theorien über die Natur der Farbe weiter in der Menschheit leben, werden Kinder zur Welt kommen, die kein Organ mehr für die Wahrnehmung der Farbe besitzen.» Dies sagte Rudolf Steiner 1914 zu der russischen Malerin Margarita Woloschin.[8] In der Tat ist heute bei Kindern in zunehmendem Maße eine Art Farbenblindheit festzustellen.

Rudolf Steiner rät daher dem Lehrer, möglichst früh damit zu beginnen, das Kind in der Farbenwelt leben zu lassen und sich mit dem zu durchdringen, was Goethe im didaktischen Teil seiner

Farbenlehre ausführt: «Worauf beruht dieser didaktische Teil der Goetheschen Farbenlehre? Er beruht darauf, dass Goethe immer jede einzelne Farbe mit einer Empfindungsnuance durchdringt. So betont er das Herausfordernde des Roten; er betont nicht nur das, was das Auge sieht, sondern was die Seele an dem Roten empfindet. Ebenso betont er das Stille, in sich Versunkene, das die Seele beim Blauen empfindet. Man kann, ohne dass man die Naivität durchbricht, das Kind so in die Farbenwelt hineinführen, dass lebendig die Empfindungsnuancen der Farbenwelt hervorgehen. In elementarer Weise kann man durchaus Kinder auf dieses Lebendig-Innerliche der Farben hinweisen.»[9] In Goethes Farbenlehre «haben Sie alles Verwandte der Farben mit dem Gefühl, was zuletzt dann sogar zu Willensimpulsen führt, deutlich ausgesprochen».[10]

Auch blinde Menschen empfinden die sittliche Wirkung der Farbe. So schreibt Helen Keller: «Die Sehenden irren sich, wenn sie meinen, dass der Blinde von aller Schönheit der Farben ausgeschlossen sei»,[11] und die blinde Autorin Ursula Burkhard beschreibt, wie sie sich besonders an Märchen differenzierte Farbvorstellungen bildete und lernte, die Farben wesensgemäß innerlich zu erleben:

«Mir sagten einfache Volksmärchen mehr über Farben. Wenn Schneewittchens böse Stiefmutter gelb wird vor Neid, muss das ein vergiftetes Gelb sein, anders als das gute, nährende Gelb der Ähren. Und in wie vielen Stimmungen lebt die Farbe Rot in ‹Schneeweißchen und Rosenrot›.

Da ist das zarte Rosa der Blüten am Rosenbäumchen und das lebendige Rot der Beeren im Wald. Böses Rot flammt aus dem Gesicht des wütenden Zwerges. Verheißungsvoll leuchtet das Morgenrot am Abgrund, wo der Schutzengel die verirrten Kinder die ganze Nacht hindurch behütet hat. Und im erlösenden Abendrot wird der Königssohn von seiner Bärengestalt befreit. Ganz in Rot lebend, stellt man sich unwillkürlich vor, dass er nun als König anstatt des schwarzen, rauen Fells den Purpurmantel tragen wird, feierliches, ordnendes Purpurrot.»[12] Auch Kinder haben solche Farbenerlebnisse an den Bildern der Märchen und entwickeln dadurch ihr inneres Verhältnis zu den Farben.

Wie Kinder mit Wasserfarben malen

Am besten können wir die Kinder an die Farben heranführen, wenn wir sie mit der gelösten Farbe malen lassen, denn die Farbe wird, wenn sie als flüssige Materie – als Wasserfarbe – verwendet wird, ihr Wesen am deutlichsten zeigen. «Mit Farben malen sollten wir so, dass wir uns dabei bewusst sind: Wir rufen aus dem Toten das Lebendige hervor.»[13]

«Es ist zum Beispiel außerordentlich interessant, wie die Kinder sich in das Farbige hineinfinden, wenn man sie einfach zunächst mit Farbe auf einer weißen Fläche hantieren lässt. Sie bedecken die einzelnen Teile dieser weißen Fläche mit Farben, in denen ja schon durch die naturgemäße Anlage des Kindes eine gewisse innere Farbenharmonie liegen wird. Es ist nicht sinnlos, was sie da herumschmieren auf dem Papier, es ist eine gewisse Farbenharmonie.»[14] Diese Beobachtungen Rudolf Steiners bestätigen sich immer wieder, wenn man Kinder frei malen lässt.

Schon das zwei- und dreijährige Kind kann mit Pinsel und Farbe umgehen. Spontan greift es zum Pinsel, taucht ihn in ein Farbengläschen und verteilt die Farbe in größeren oder kleineren Flächen so, dass sie sich auf dem weißen Blatt Papier ausbreitet (Abb. 1). Es «malt» gerne nur mit einer Farbe, oft so lange, bis das Farbgläschen ganz leer ist,

Abb. 1: Das zwei- bis dreijährige Kind malt gerne nur mit einer Farbe.

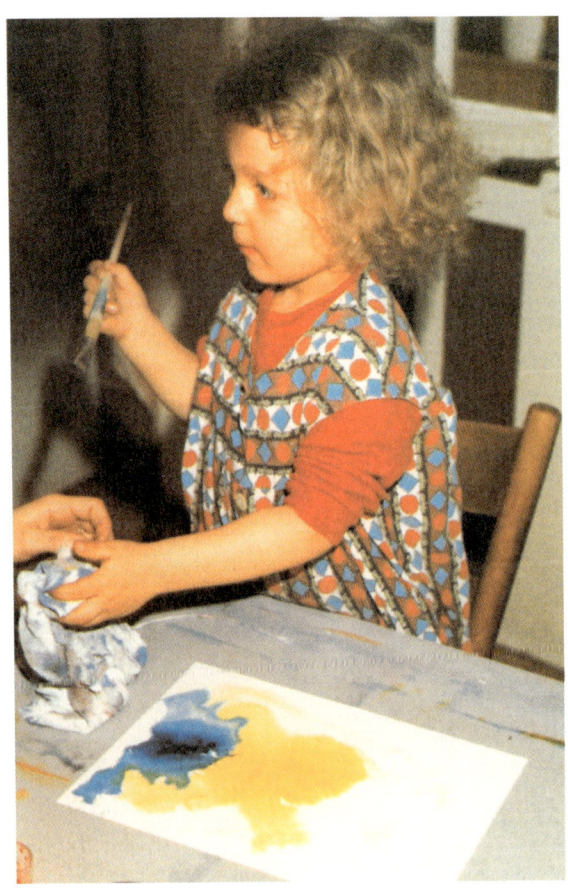 

Abb. 2: Gelb wurde als erste Farbe gesetzt: «O, ein Engel», dann wurde das Blau hinzugefügt: «Er freut sich…»

Weiter ging es mit Rot, dann wieder mit Blau, und so eine Weile weiter… bis

der Pinsel noch einmal in die gelbe Farbe getaucht... und damit das Bild fertig gemalt wurde.

und wenn es dann noch eine weitere Farbe hinzunimmt, wird diese ohne Bedenken über die erste gemalt. Die Tätigkeit des Malens, das Erleben des Schaffens stehen im Vordergrund. Die Wirkung der Farbe aber bildet sich seinem Leib unbewusst ein, es fühlt sich beim Wasserfarbenmalen besonders wohl, ist heiter-gelöst dabei.

Wird das Kind zwischen dem dritten und vierten Lebensjahr aufmerksamer für die Farben, so beginnt es, behutsam die eine Farbe neben die andere auf das Papier zu setzen, den Pinsel vorsichtig in das Farbentiegelchen zu tauchen und sich dem Farbengeschehen auf dem Blatt mit Freude hinzugeben. Ein solcher Malvorgang ist in seinen einzelnen Phasen in der Bilderreihe der Abb. 2 wiedergegeben.

Von der Freude an den Farben werden auch die vier- und fünfjährigen Kinder zum Wasserfarben-Malen angeregt. Die einzelne Farbe in ihren verschiedenen Nuancen, was sie tut, wie sie sich zu anderen Farben verhält, wie sie sich im Malvorgang darstellt, das bestimmt ihr Malen. Sie werden von den Farben und allem, was sich auf dem Malblatt und im Wasserglas abspielt, zum Tun aufgerufen. Sie geraten in Entzücken und Begeisterung und haben ein großes Bedürfnis, auch die anderen Kinder, Geschwister, Vater, Mutter an ihren Farben-Erlebnissen teilnehmen zu lassen. Eifrig kommentieren sie ihren Malvorgang und das Farbengeschehen.

Abb. 3: «Mein Rot ruht sich aus, es legt sich ins blaue Bett.» (Junge, 4 ¾ Jahre)

18

Da ist dann zu hören: «Mein Rot kämpft mit dem Blau, es ist viel stärker, jetzt hat es das Blau ganz verdrängt!» (Da war das Blau vom Rot so überdeckt worden, dass nur noch ein kleiner blauer Streifen zu sehen war.) Oder ein Kind meinte, als es sah, dass das Rot vom Blau eingeschlossen wurde (siehe Abb. 3): «Mein Rot ruht sich aus, es legt sich ins blaue Bett.» Ein anderes Kind stellte befriedigt fest, als es das Blau mit Rot übermalt hatte: «Jetzt hat das Rot das Blau verschluckt!» Voll Freude rief ein viereinhalbjähriges Mädchen, während es malte: «Mein Orange ist so lustig! Es will überall hinspringen!» (siehe Abb. 4).

Ältere Kinder, insbesondere die Schulkinder, genießen die Farben und die Maltätigkeit; sie malen eine ganze Weile still und beobachten, was sich auf dem Blatt ereignet, wie die eine Farbe der anderen begegnet, sie begrenzt oder sich mit ihr verbindet, wie neue Farben entstehen, auch, welche Formen sich ergeben. Mit ihrer Fantasie sehen sie dann dieses oder jenes darin. In Abb. 5 a z.B. sah das Kind eine «Ente», in 5 b ein «Himmelsschloss». Abb. 5 c zeigt den «Schatz in der Höhle».

So lassen wir das Kind «mit Farben hantieren, weil es damit seinen eigenen Bildekräften folgt im Nebeneinandersetzen der Farben, in dem Sich-Befriedigen daran, Farbe neben Farbe zu setzen, nicht bedeutungsvoll, sondern instinktiv-sinnvoll Farbe neben Farbe zu setzen. Das Kind

Abb. 4: «Mein Orange ist so lustig! Es will überall hinspringen.» (Mädchen, 4 ½ Jahre)

5 a

20

5 b

5 c

Abb. 5 a: Ente (Mädchen, 5 ¾ Jahre)
b: Himmelsschloss (Junge, 5 ¾ Jahre)
c: Schatz in der Höhle (Mädchen, 6 Jahre)

Abb 6 a: rot – gelb (Junge, 3½ Jahre)

Abb. 6 b: blau – rot – gelb (Mädchen, 10 Jahre)

entwickelt nämlich eine wunderbare instinktive Art, die Farben nebeneinander zu setzen.»[15] Die Abbildungen 6 a und 6 b sind Beispiele dafür.

Wenn die Kinder mit Wasserfarben malen, erkennen wir schon an den ersten Pinselstrichen zwei grundsätzlich unterschiedliche Malweisen. Es gibt Kinder, die von einem Farbfleck ausgehen, weitere Farbflecke in der gleichen oder einer anderen Farbe daran- oder danebensetzen oder diese auf dem Blatt verteilen (siehe Abb. 7 a). Andere «malen» Linien und Formenumrisse (die dann ausgemalt werden; siehe Abb 7 b); sie zeichnen mit dem Pinsel, verwenden ihn wie einen Stift.

Während Erstere mit dem Malvorgang spontan verbunden sind und die Farbe mit dem Pinsel locker auf der Malfläche bewegen, ist das Malen der anderen selten von einem direkten Farberleben bestimmt; sie malen analytischer, es fällt ihnen auch schwerer, sich in ein Farbenspiel und in das Farbengeschehen einzuleben. Diese Kinder greifen gerne solche Malanregungen auf, durch die sie in das Malgeschehen eintauchen können.

Abb. 7 a: Farbflecke

Abb. 7 b: Formenumrisse

Malvorbereitungen

Im Gegensatz zum Malen mit Buntstiften, farbiger Kreide, Wachsmalstiften oder -blöcken ist das Wasserfarben-Malen mit mancherlei Vorbereitungen verbunden. Für die Kinder sind diese Vorbereitungen aber wichtig; sie gehören zum Malen dazu! Deshalb sollten die Kinder daran beteiligt sein.

Eifrig helfen sie beim Herrichten der Wassergläser, erwartungsvoll verfolgen sie das langsame Auflösen der Farbe im Anrührglas, während sie vorsichtig die Farbsubstanz mit dem Pinsel im Wasser verteilen. Freudig-erregt beobachten sie, was beim Auswaschen des Farbenpinsels im Wasserglas alles passiert, welch herrliche Farben sich dabei zeigen – und schon sind sie mitten im Farbengeschehen! Am liebsten möchten sie sofort mit dem Malen beginnen. Aber zunächst muss ja noch das Blatt Papier für das Malen hergerichtet werden. Auch dabei können sie eifrig mittun. Den jüngeren Kindern bereiten wir das Blatt so vor, dass auch sie bei jedem Arbeitsgang tätig mit dabei sind.

Im Einzelnen kann das Malen wie folgt vorbereitet werden:

1. Anrühren der Farbsubstanz mit einem dünnen Haarpinsel (der nur für das Anrühren verwendet wird). Von jeder Farbe, mit der gemalt werden soll, wird in einem Glas gleich so viel angerührt, dass es für alle Kinder ausreicht. Man beginnt jeweils in dem Verhältnis: ein Teil Farbsubstanz, zwei Teile Wasser und füllt dann Wasser nach, bis man die gewünschte Farbintensität hat. (Eine Probe auf einem feuchten Stück Papier zeigt an, ob Farbsubstanz und Wasser im richtigen Verhältnis stehen.) Immer erst wenig Wasser der Farbsubstanz hinzufügen, umrühren und dann langsam weiteres Wasser auffüllen! Man braucht von Gelb einen größeren Farbsubstanzanteil als von Rot; Blau kann im Verhältnis eins zu zwei bleiben.

2. Aufteilen der angerührten Farben in kleine Schüsselchen, Näpfchen, Tellerchen oder Deckel. Am besten ist es, wenn die Farben in Glasschüsselchen gefüllt werden; daraus leuchten sie den Kindern besonders schön entgegen. Jedes Kind bekommt von jeder Farbe ein Schälchen. Es können auch zwei Kinder aus einem Schälchen die Farbe entnehmen, dies setzt aber ein geübtes, sauberes Malverhalten voraus.

3. Leere Honig- oder Marmeladengläser dreiviertel mit Wasser füllen (für jedes Kind mindestens ein Glas) zum Säubern des Pinsels.

4. Herrichten des Malblattes. Das Blatt wird entweder in eine größere Wasserschüssel, Fotowanne oder ins Waschbecken so eingetaucht, dass es sich gleichmäßig mit Wasser vollsaugt. Oder es wird mit dem Schwamm – am besten einem Naturschwamm – auf dem Malbrett oder dem Tisch nass gemacht, gleichmäßig von links nach rechts oder von oben nach unten oder von der Mitte nach allen Seiten, nicht kreisend und niemals reibend (damit das Papier nicht aufraut). Dann wird das Blatt gewendet, und der Vorgang wiederholt sich auf der anderen Seite. Zuletzt wird mit dem Schwamm das überschüssige Wasser fortgenommen, und die Blasen werden vorsichtig geglättet. Das Aufsaugen des überflüssigen Wassers und das Glätten der «Wellen» ist auch bei dem durchs Wasser gezogenen Papier nötig. Die Größe des Malblattes richtet sich nach dem Malvorhaben; das Blatt sollte aber nicht zu groß sein, damit das Kind die Malfläche gut gestalten kann.

Das Malblatt kann direkt auf den Tisch gelegt werden (der eventuell auf dem Tisch entstehende Farbrand lässt sich leicht mit einem feuchten Tuch beseitigen) oder auf ein Malbrett.

5. Erst, wenn alles so weit gerichtet ist, bekommt das Kind **Pinsel** und **Mallappen** (zum Säubern und Ausdrücken des Pinsels bei zu viel Wasser oder Farbsubstanz während des Malens).

Abschließend einige Angaben über die **Malutensilien**: Man verwende breite, flache Haarpinsel Nr. 16 oder 18; mit diesen ist der Farbauftrag zarter, auch können die Kinder damit Farbflächen leichter als mit Borstenpinseln malen. Als Papier ist Abzugpapier (holzfrei, weiß, 80 g/qm, auch Saugpost genannt) oder billiges, ungeleimtes Zeichenpapier besser geeignet als das Papier vom Zeichenblock, da letzteres zu viel Leim enthält und deshalb das Wasser nicht aufsaugen kann. Alle Aquarellfarben in Tuben oder Gläsern kommen als Farbsubstanz in Frage, aber keine Deckfarben oder Fingerfarben und keine Farbtäfelchen aus dem Tuschkasten; letztere lösen sich im Wasser nicht richtig auf.

Auf die Art der Farben weist Rudolf Steiner besonders hin: «Man muss nur darauf Rücksicht nehmen, dass man nun ja nicht die Kinder jene Farben verwenden lässt, die man als ‹Kinder-Malfarben› bekommt, wo sie dann die Farbe von den Farbtabletten direkt aufs Papier aufstreichen. Das ist immer, das ist sogar in der malerischen Kunst von Schaden! Gemalt soll werden aus dem Tiegel, aus der aufgelösten Farbe, aus der in Wasser oder einer sonstigen Flüssigkeit aufgelösten Farbe. Man muss ein inneres, intimes Verhältnis entwickeln zur Farbe. Das muss schon das Kind. Wenn man bloß von der Palette herunterschmiert, hat man kein intimes Verhältnis zur Farbe, sondern wenn man aus der im Tiegel aufgelösten Farbe heraus malt.»[16]

Sind die Malvorbereitungen abgeschlossen, stellt sich bei den Kindern für einen Augenblick wie selbstverständlich eine erwartungsvolle Stille ein. Der Pinsel wird nun im Wasserglas angefeuchtet, auf seine Sauberkeit hin «geprüft», fest mit dem Lappen ausgedrückt und in das Farbennäpfchen getaucht. Dreimal sollte der Pinsel am Glasrand abgestrichen werden, ehe die Farbe auf das Papier gebracht wird; sonst wird leicht zu viel Wasser mit aufgetragen.

Das Farben-Malen

Auf einem blauen Wölklein bin ich hergeflogen,
malte auf dunklem Grunde einen Regenbogen.
Wie leuchtet er so schön!
Man kann darauf zum Himmel geh'n
und aufersteh'n.

Albert Steffen[17]

Farben malen: das heißt, mit den Farben Rot, Blau, Grün, Gelb, Orange, Violett, Braun, Weiß, Grau, Schwarz Bekanntschaft zu machen und ihre Eigenschaften kennen zu lernen. Farben malen, das heißt zugleich, mit ihnen und in ihnen zu leben. Rainer Maria Rilke äußerte sich in seinen Briefen über Cézanne hierzu wie folgt: «Niemals ist es noch so aufgezeigt worden, wie sehr das Malen unter den Farben vor sich geht, wie man sie ganz allein lassen muss, damit sie sich gegenseitig auseinander setzen. Ihr Verkehr untereinander: das ist die ganze Malerei. Wer dazwischen spricht, wer anordnet, wer seine menschliche Überlegung, seinen Witz, seine Anwaltschaft, seine geistige Gelenkigkeit irgend mit agieren lässt, der stört und trübt schon ihre Handlung.»[18] Im Folgenden möchte ich Beispiele dafür geben, wie man beim Farben-Malen vorgehen kann. Schon beim Anrühren der Farben deute ich hin und wieder den Kindern an, was wir malen wollen, etwa so: «Blau und Rot wollen sich heute verzaubern», oder ein anderes Mal «ich bin gespannt, was das Gelb dem Blau erzählt», oder, wenn wir nur mit Blau malen wollen, «das Blau möchte heute gerne allein sein», oder, wenn wir nur mit zwei roten Farben – dem dunklen Karminrot und dem hellen Zinnoberrot – malen wollen, «zwei rote Brüder taten eine Wette, wer wohl die stärksten Kräfte hätte.» Damit versuche ich, den Kindern für das Malen eine Richtung zu geben, die sie zu der Farbe hinführt. Es sollte immer die eigene Seelenkraft des Kindes erregt werden.

Wie es aussieht, wenn sich z.B. Blau und Rot verzaubern, das wird sich dann bei jedem Kind auf seinem Blatt «ereignen» und wird von ihm frei gestaltet. Sind die Kinder noch im Vorschulalter, malen sie aus der Nachahmung mit mir zusammen «dasselbe»; dennoch malen auch diese Kinder Rot und Blau auf ihrem Blatt so, wie sie diese Farben «sich verzaubern» lassen wollen. Hier ist wichtig, dass die Kinder nicht nachmachen, sondern nachahmen, d.h. ihr Tun mit ihrer Seele verbinden.

Einmal malten wir: «Blau, Gelb und Orange spielen miteinander.» Dies möchte ich kurz beschreiben. Zunächst trugen die Kinder ein wenig Blau, ein wenig Gelb und ein wenig Orange mit dem Pinsel auf ihrem Malblatt auf. Ein Kind setzte z.B. alle drei Farben nebeneinander in die Mitte des Blattes, ein anderes malte in jede Ecke eine Farbe, wieder ein anderes verteilte die Farben in vielen kleinen Farbflächen auf seinem Malblatt. Damit hatte jedes Kind eine andere Ausgangssituation für das nun beginnende «Spielen» mit den drei Farben. Der Abbildung 8 ist noch anzusehen, dass das Kind zunächst mit hellem Gelb und kräftig leuchtendem Orange gemalt und Zwischenräume offen gelassen hatte, in die es dann die blauen Farbflächen einfügte. Das Bild ist in sich bewegt; spielen die Farben vielleicht miteinander Haschen?

Farbengeschichten

Manchmal erzähle ich während der Malvorbereitungen eine kurze «Farbengeschichte», z.B. ähnlich der von L. Lionni:[19]

«Als das Gelb das Blau fand, rief es aus: da bist du ja! Ich suchte dich. Sie lachten und umarmten sich. Da wurden sie durch diesen Spaß bei der Umarmung grün wie Gras.»

Von dieser Geschichte geführt, begannen die Kinder in einer Malstunde nach Abschluss der Vorbereitungen sogleich, mit den Farben Preußisch-blau und Zitronengelb zu malen: An den oberen Rand setzten sie eine größere gelbe Fläche, an den unteren eine kleinere blaue. Dann vergrößerten sie das Gelb auf die blaue Fläche zu und malten das Blau von unten dem Gelb entgegen.

Dies wiederholte sich mehrere Male. Dort, wo sich Gelb und Blau begegneten, umhüllte das Gelb das Blau, durchdrang es, indem die Farben zart, später kräftig ineinander und zuletzt auch übereinander gemalt wurden, bis schließlich zur tiefen Befriedigung der Kinder – ein kräftiges Grün entstand.

Ein ähnlicher Malvorgang ergab sich aus der Farbengeschichte von A. Schröder:

«Ein leuchtendes Rot und ein strahlendes Gelb waren Freunde. ‹Ich möchte auch so weit hinausstrahlen können wie du›, sagte das Rot, ‹und ich so kräftig leuchten können wie du›, sagte das Gelb. Da schenkte das Gelb dem Rot etwas von seinem Strahlen, und das Rot dem Gelb etwas von seinem Leuchten.»[20]

Von den Farben und ihren Beziehungen zueinander ist manches zu erfahren, wenn man Rot, Gelb oder Blau z.B. «Geburtstag feiern» lässt. Die Geburtstagsfarbe ist dann die zentrale Farbe des Malgeschehens, mit ihr wird zuerst gemalt. Im folgenden Beispiel hatte Blau Geburtstag. Blau war also die «Hauptperson», und das Kind malte zunächst nur die blaue Farbe auf sein Blatt, fast vergessend, für die anderen Farben noch etwas Platz zu lassen (was in Abb. 9a noch zu erkennen ist). Doch das Nur-Blau-Malen hörte auf, als ich das Kind durch den Reim «schon eilen zu dem Feste die gelb' und roten Gäste» in ein neues Farbgeschehen führte.

9 a

9 b

Abb. 8:   Blau, Gelb und Orange spielen
          miteinander (Junge, 8 Jahre)
Abb. 9 a: Blau hat Geburtstag (Junge, 6 Jahre)
Abb. 9 b: Blau hat Geburtstag (Mädchen, 8½ Jahre)

Nun brachte das Kind recht viel Gelb und das Rot hinzu und malte jetzt, wie es im Reim weiter hieß – «sie bringen, wie es Festes Brauch, dem Blauen ihre Gaben auch; vom eignen Kleid zu schenken, sie sich nicht lang bedenken» –, Gelb und Rot in das Blau hinein. Das Kind achtete zwar darauf, dass die Geburtstagsfarbe nicht gänzlich überdeckt wurde, sein Interesse galt aber schon viel mehr den neu entstandenen Farben: dem Grün, Orange und Violett. «Da spricht das Blau: ‹Was ist gescheh'n? Orange und Grün jetzt bei mir stehn, und auch das Violett – das ist besonders nett.» Mit diesen Worten ließ ich das Malen ausklingen. Das Kind aber, erfüllt von seinem Tun und Erleben, wiederholte noch beim Aufräumen das Gereimte und ging vergnügt nach Hause. Ein weiteres Beispiel «Blau hat Geburtstag» gibt Abbildung 9 b.

Auch Gedichte können die Kinder in eine rechte Malstimmung versetzen. Ich erzähle zunächst den Inhalt des Gedichts, und erst zum Ende des Malens spreche ich das Gedicht und lasse das Malgeschehen darin ausklingen. Beispiele für geeignete Gedichte sind im Anhang angegeben.

Malen im Jahreslauf

Je nachdem, mit welchen Farben gemalt wird, ergeben sich recht unterschiedliche Farbstimmungen. Daraus können wir die Kinder auch die Jahres- und Festeszeiten beim Malen miterleben lassen. Im Winter malt es sich gut mit der blauen Farbe: Ihre reichen Nuancierungen vom hellen bis zum tief dunklen Blau geben uns die Möglichkeit differenzierter Gestaltung. Richtige Winterbilder können auf dem weißen Blatt entstehen, zur großen Verwunderung der Kinder.

Beginnt das fröhliche Faschingstreiben, so können wir uns auch beim Malen in diese Stimmung versetzen, denn mit den Farben lässt sich herrlich zaubern! Wie wird das gemacht? Die Kinder tragen z.B. viele verschieden rote, blaue und gelbe Farbflecke auf das Malpapier auf. Rot ist der «Zauberer», der alle blauen und gelben Flecke verwandelt, das heißt, die Kinder übermalen vorsichtig mit Rot alle Flecke, bis die blauen violett, lila geworden sind und die gelben orange aussehen. Vor allem den Schulkindern macht dies Spaß, und je nach ihrem Temperament führen sie das Verwandeln mehr oder weniger konzentriert durch.

Wir können auch malen: «Heut geht das Rot als Zaubrer um: kaum hat's das Gelbe angelacht, zeigt sich Orange in schönster Pracht!» Oder an einem Faschingstag mit Rot und Blau: «Wisst ihr,

10 a

10 b

Abb. 10 a: Malen mit allen Farben (Mädchen,
7 Jahre)
Abb. 10 b: Herbstbaum (Junge, 7 Jahre)

31

was geschah in der Fasenacht, als Rot mit dem Blau einen Spaß gemacht…? Das Blau wurde rot – und das Rot wurde blau, und keines war mehr zu sehen genau. Doch da ja alles im Spaße geschehn, kann man die beiden nun lila sehn.»

Wird es Frühling, malen die Kinder gern zu dem Ultramarinblau ein zartes Zitronengelb. Wo sich Blau und Gelb durchdringen, entsteht zur Freude der Kinder ein helles Grün. Etwas vom Geheimnis des Grünen kann dem Kind – und uns – dabei zum Erlebnis werden. Lichtes und Dunkles schaffen ein Neues, in der Begegnung geben die gelbe und die blaue Farbe ihre Eigenheit auf.

Wenn in den Gärten die leuchtenden Farben der Tulpen und Narzissen zu sehen sind, verlangen die Kinder, mit starken Farben zu malen, mit dem dunklen Gelb und dem Zinnoberrot. Setzen sie mit dem Pinsel rote Tupfer, gelbe Tupfer und blaue Tupfer auf eine grüne Fläche, sind sie sogleich dabei, eine frohe Osterstimmung zu malen.

Im Sommer regen uns das warme Rot, das strahlende Gelb und das leuchtende Orange zum Malen an: Da wird das Rot als starker Held gemalt, der mächtig in die Welt zieht. Ihm gesellt sich das Gelb hinzu, es erhellt die ganze Welt.

Kommen wir in die Herbsteszeit, zeigt sich noch einmal in mannigfaltiger Farbigkeit die Natur. Was liegt jetzt näher, als es mit dem Farbenpinsel dem Herbst gleichzutun? Mutig gehen die Kinder ans Werk, malen mit allen Farben, bis sie befriedigt die äußere Farbigkeit auch auf ihr Malblatt gebracht haben (Abb. 10 a und b).

Wenn uns im November draußen die gedämpften Farben, die braunen und grauen Farbtöne umgeben, beginnen die Farben, in uns aufzuleuchten. Die Kinder spüren es, still, behutsam wollen sie für Vater und Mutter «etwas besonders Schönes» mit den Farben malen, die blau-violetten Farbklänge dabei bevorzugend – Adventsstimmung. Weihnachten steht vor der Tür: «Wer hat's gedacht, dass in dem Blau, so dunkel wie die Nacht, ein helles Gelb, gleich einem Stern, erwacht?»

Pädagogische Anmerkungen zu den Farbengeschichten

Wer einmal begonnen hat, mit Kindern die Farben so zu malen, dem werden sicherlich bald eigene «Geschichten» oder «Verse» einfallen. Mit ihnen können wir das Kind bei seinem Malen begleiten; es verbindet sich auf solche Weise viel stärker mit den gemalten Farben. Wie mit seinesgleichen beginnt es, mit den Farben zu sprechen und zu spielen und ist mit ihnen im Malgeschehen handelnd und erlebend verbunden. Dadurch wird der Malprozess für das Kind wichtiger als die Absicht, «ein Bild zu malen». Das Bild entsteht dann – oft überraschend für das Kind – auch noch dabei, und erfüllt von dem Geschehen zeigt das Kind allen sein Werk. Die Reime und Geschichten verbinden sich seelisch mit seinem Farbenerleben, und das Kind bewahrt die Erlebnisse lebendig in seinem Gedächtnis. Das schafft innere Regsamkeit (wie wir es auch bei uns selber spüren können) und gibt «geschmeidige Vorstellungen, geschmeidige Empfindungen und geschmeidige Willensaktionen».[21]

Kinder, die immer «schnell fertig» sein wollen, haben es schwer, in ein wirkliches Farbenerleben zu kommen. Ihnen können wir aber helfen, wenn wir sie z.B. durch das Wiederholen des Reimes oder durch kleine Hinweise wie «Dein Gelb möchte gerne noch viel weiter strahlen» oder «Das Gelb will dem Blau etwas schenken, ich bin gespannt, was das sein wird» oder «Das Rot hat ja das Gelb noch gar nicht begrüßt» zum Weitermalen ermuntern.

Um in das Malgeschehen voll eintauchen zu können, braucht ein jedes Kind seine Zeit; das eine ist von Anfang an «ganz dabei», das andere erst, wenn sich auf dem Blatt die Farben zeigen und anfangen, zu ihm zu sprechen. Das sollte berücksichtigt werden, besonders dann, wenn die Kinder in einer Gruppe mit Wasserfarben malen. (Man sollte daher nicht zu früh mit dem Aufräumen beginnen.)

Farben-Erleben

Sprechen die Farben im Malprozess miteinander und handeln sie, so lernen die Kinder das Charakteristische der Farben am besten kennen. Rudolf Steiner gibt hierzu die folgende Anregung: «Denken Sie nur, wie anregend es ist, wenn Sie mit den Kindern bis zum Verständnis dessen es brächten: da ist dieses kokette Lila, und im Nacken sitzt ihm ein freches Rötchen. Das Ganze steht auf einem demütigen Blau. – Sie müssen es gegenständlich kriegen – das wirkt seelenbildend –, sodass die Farben auch etwas tun. Das, was aus der Farbe heraus gedacht ist, das kann man auf fünfzigerlei Weise machen. Man muss das Kind zum Darinnenleben in der Farbe bringen, indem man sagt: ‹Wenn das Rot durch das Blau hindurchguckt›, und das wirklich schaffen lässt vom Kinde. Ich würde versuchen, viel Leben gerade in dies hineinzubringen.»[22]

Malen die Kinder mit zwei Farben, so verhält sich die eine Farbe zur anderen anders, als wenn noch weitere Farben hinzutreten. Eine einzige Farbe zu malen ist oft für die Kinder (ausgenommen die zwei- und dreijährigen) unbefriedigend, da sich die einzelne Farbe in ihrer Aussage bald erschöpft. Die Kinder neigen dann dazu, rasch das Blatt mit dieser Farbe «anzustreichen», bis dieses – wie sie sagen – voll gemalt ist. Nur mit Blau lässt sich gut allein malen; durch Hell-Dunkel-Differenzierung schafft es Konturen: «Berge», «Wellen», «Felsen» entstehen, auch eine «Höhle», innen hell und zum Rand dunkler werdend. Dem Bedürfnis älterer Kinder, etwas «Geformtes» zu malen, kommt die blaue Farbe entgegen. Nur Rot zu malen kann die Kinder leicht «aus dem Häuschen bringen», ein nur mit roter Farbe bemaltes Blatt sieht meistens nicht schön aus. Am schwierigsten malt sich Gelb, denn diese Farbe möchte sich weit über das Malblatt hinaus ausdehnen und ist nicht gut allein zu gestalten. Gelb verlangt beim Malen eine zweite Farbe, dann erst kann es seine Kraft des Strahlens voll zur Geltung bringen.

Violett, Orange und Grün sind keine Zusammensetzungen von Rot und Blau bzw. Gelb und Rot bzw. Blau und Gelb – also keine «Misch»farben –, sondern gleichfalls eigenständige Farben mit ihren individuellen Eigenschaften. So begegnen wir dem Grün überall in der Natur in mannigfaltigen Nuancierungen und werden von ihm in unterschiedlichster Weise angesprochen: Es zeigt sich z.B. in seiner Dunkelheit ernst, manchmal auch bedrückend – bei Tanne und Ilex – oder auch freilassend, beruhigend im Wiesengrün. Wir kennen die feierlich-festlichen oder auch pompösen lila-violetten Farbtöne und das heitere oder uns bedrängende Orange. – Da die drei Farben als selbstständige Farben empfunden werden, sollten

die Kinder sie auch in ihrer Eigenständigkeit erfahren. Wollen die Kinder mit Violett, Orange und Grün malen, können diese Farben deshalb auch gleich als fertige Farben aus der Tube angerührt werden; sie sollten nicht im Anrührglas aus zwei Farben gemischt werden. Anders ist es dagegen beim Malvorgang selbst: Wenn die Kinder Rot und Blau malen, dann entsteht aus der Begegnung beider Farben auf dem Blatt das Violett, wenn Gelb sich mit Rot vereint, schaffen sie Orange, wenn Blau das Gelb begrüßt, bildet sich Grün. Das ist etwas anderes, als wenn die Kinder hören oder beim Anrühren der Farbsubstanzen aufnehmen: Gelb plus Rot gibt Orange, Blau plus Gelb gibt Grün, Rot plus Blau gibt Violett.

Ein schönes Beispiel dafür, wie man Schulkinder zum Farben-Erleben führen kann, gibt Rudolf Steiner im pädagogischen Jugendkurs: «Man rufe im Kinde ein Gefühl dafür hervor, was es heißt, wenn ein Punkt von einem Kreise umlaufen wird. Das ganz ungeheure Empfinden von den Unterschieden rufe man hervor, die bestehen, wenn man zwei grüne Kreise und in jedem drei rote, dann zwei rote und in jedem drei grüne, zwei gelbe und in jedem drei blaue, dann zwei blaue und in jedem drei gelbe Kreise macht. Man lässt die Kinder an dem Farbigen empfinden, was die Farben vor allen Dingen zu den Menschen sprechen; denn in den Farben liegt eine ganze Welt. Aber man lässt sie auch empfinden, was die Farben einander selbst zu sagen haben. Man lässt sie empfinden, was Grün dem Rot, was Blau dem Gelb, was Blau dem Grün und Rot dem Blau sagt – das sind ja die wunderbarsten Verhältnisse, die die Farben zueinander haben.»[23]

Naturstimmungen

Unterschiedliche Stimmungen in der Natur – z.B. im Wald, am Wasser, auf der Wiese, auch das Gegensätzliche von Morgen und Abend, ein Gewitter, ein Sturm, ein heißer Sommertag – regen besonders ältere Kinder (9-13 Jahre) zum Malen an. Dabei ist aber wichtig, dass die Kinder das Motiv aus der Farbe heraus gestalten. So wählten sie z.B. für den Morgen die hellen, kräftigen, aktiven Farben Goldgelb, Zinnoberrot, für den Abend Ultramarinblau, Kobaltblau und Karminrot. Orange und Violett entstanden im Malprozess (siehe Abb. 11a und b).

Bei dem Gewitterbild (Abb. 12) wurde auch Schwarz verwendet. Es war etwas Besonderes für die Kinder, als sie beim Malen mit dieser Farbe die verschiedensten Grautöne erlebten.

Die Bilder 13a bis c entstanden in einem längeren Malprozess während einer Malstunde. Zunächst malten die Kinder ganz frei – je nach ihrem Alter, ihrem Temperament und ihrer Wesensart – mit den gegebenen Farben Kobaltblau, Ultramarinblau, Dunkelgelb und Zinnoberrot. Auf einem zweiten Blatt lebten sie sich in diesen Farbenklang weiter ein und konnten dann aus diesem heraus auf einem dritten Blatt zu einer eigenen, bei jedem Kind individuellen Farb- und Bildgestaltung kommen. So entstanden Bilder zum sommerlichen Blühen.

Das Blumenwiesenbild (Abb. 14b) wurde als zweites Bild nach einem freien Farbenspiel mit Rot, Gelb und Blau (Abb. 14a) gemalt.

Abb. 11 a: Der Morgen (Junge, 11 Jahre)   Abb. 11 b: Der Abend (Junge, 11 Jahre)

Abb. 12: Gewitter (Junge, 11 Jahre)

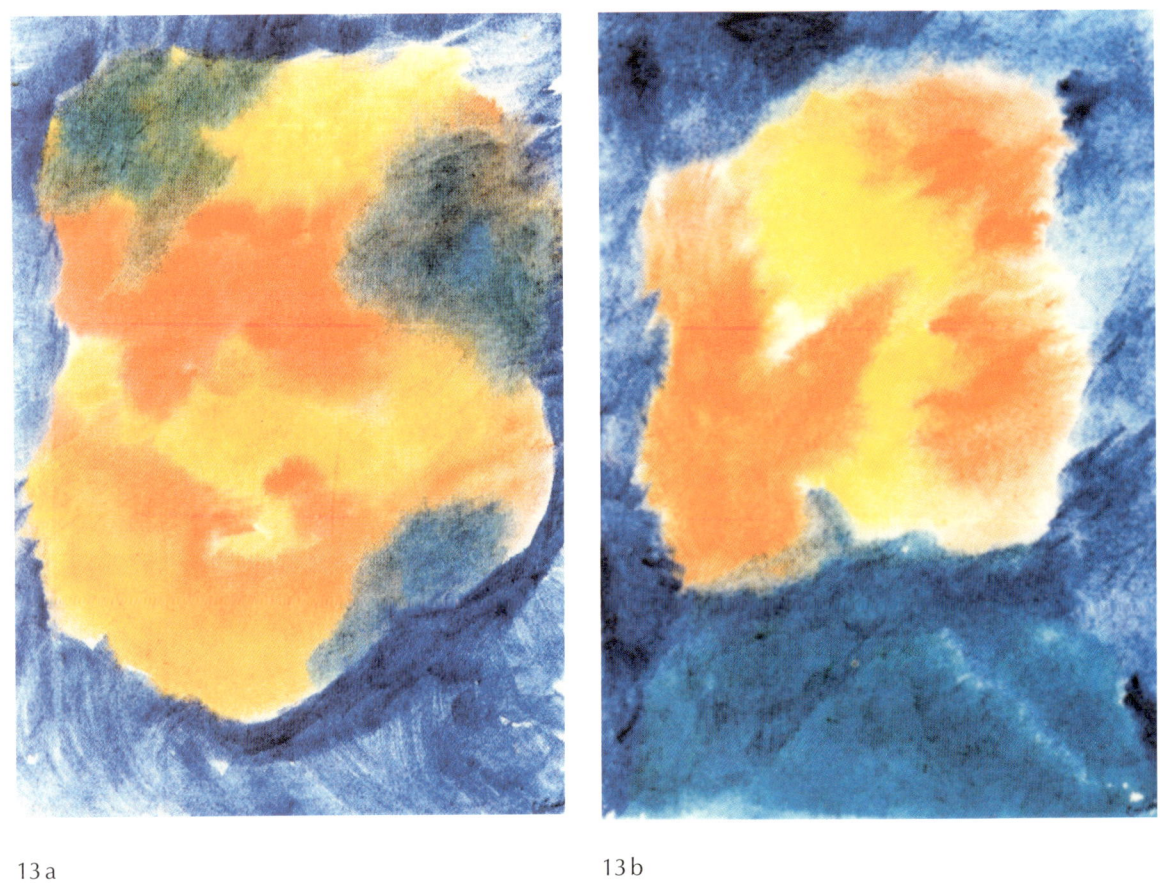

13 a

13 b

Abb. 13 a - c: Malprozess – vom Farbenklang zum Bildmotiv (Mädchen, 11 Jahre)

13 c

«Gegenständliches» Malen

Malt das Kind mit der Wasserfarbe, möchte es natürlich auch das malen, was es um sich herum sieht: einen Baum, Häuser, Straßen, ein Auto, ein Flugzeug, Tiere und Menschen, Sonne, Mond, Sterne. Mit dem Pinsel fällt es den Kindern nicht schwer, dies alles «wiederzugeben». Im Gegenteil: Mit der flüssigen Farbe am Pinsel kann das Kind leicht die Dinge so auf seinem Malblatt entstehen lassen, wie sie seinen Vorstellungen entsprechen (Abb. 15). Die Kinder fühlen sich dabei nicht von festen Konturen und exakten Formen, auch nicht von der «richtigen» Farbe zur Genauigkeit gezwungen. Das tut besonders den Kindern gut, die nicht mit Buntstiften, Filzstiften oder farbiger Kreide malen mögen. Das Malen mit Pinsel und Wasserfarbe ist für diese Kinder eine Hilfe, sich bildnerisch auszudrücken.

Die Abbildungen 16 a und b zeigen, wie Kinder aus der Farbe heraus malten. Zunächst waren es die Farben, die das Kind zum Malen anregten. Bald gaben die Farben dem Bild eine Stimmung; aus dieser Stimmung fand das Kind das Motiv seines Bildes.

Der Übergang zum Malen von Gegenständen soll nicht von außen bestimmt sein, sondern aus den Farben selbst hervorgehen. Dabei entwickelt sich ein Empfinden für Farbperspektive, das dann

14 a

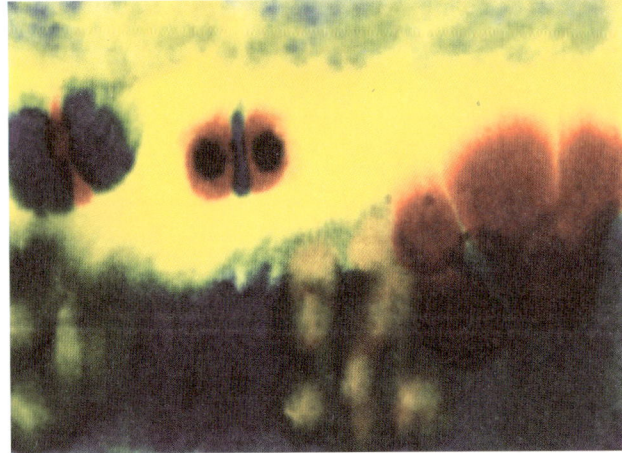

14 b

Abb. 14 a: Farbenspiel (Mädchen, 10 Jahre)
Abb. 14 b: Blumenwiese (Mädchen, 10 Jahre)

Abb. 15: Laternenumzug (Junge, 7½ Jahre)

später auch als Grundlage für die geometrisch konstruierte Perspektive dienen kann.

«Wir lassen das Kind aus seinen eigenen Bildekräften heraus irgendwie malen, natürlich nicht mit Stiften, sondern mit wirklichen Farben. Dann merke ich: Das Kind lebt mit den Farben. Nach und nach wird für das Kind … das Blau etwas, was weggeht, nach der Ferne geht; das Gelb und Rot etwas, was herankommt. Das ist etwas, was bei dem Kinde auch schon im 7., 8. Jahr stark hervortritt, wenn man es nur nicht in diesem Alter quält mit irgendwie dressiertem Zeichnerischen und Malerischen. Wenn man das Kind freilich Häuser und Bäume malen lässt, wie sie in Wirklichkeit sind, so geht das nicht. Aber wenn man das Kind folgen lässt, sodass es das Gefühl hat: wohin ich die Hand bewege, da geht die Farbe – der Stoff der Farbe ist nur Nebensache –, da lebt die Farbe auf unter den Fingern, da will sie sich fortsetzen irgendwo – wenn man das erreicht, so bekommt man etwas sehr Sinnvolles in der Seele des Kindes: Farbenperspektive. Das Kind bekommt das Gefühl, dass das rötende Gelb näher kommt, dass das Blauviolett fern und ferner geht. Es ist etwas furchtbar Schädliches, die Perspektive einem Kinde im späteren Lebensalter beizubringen, dem man nicht vorher eine Art intensiver Farbenperspektive beigebracht hat.»[24]

Abb. 16a: Zuerst malte das Kind die blaue Fläche, darunter die grüne. Dann setzte es rote Flecke in das Grün, die es teilweise mit Blau übermalte. Die hellen Flecke im Blau sind versehentlich durch Wassertropfen entstanden. Für das Kind wurden sie zu Sternen, die am Himmel über dem grünen Berg mit den Wichteln leuchten. (Junge, 8 Jahre)

Abb. 16b: Das Kind begann mit Gelb, setzte es in die Mitte des Blattes und umgab es mit einem zarten Blau. Nun kam Grün als Begrenzung hinzu. Als das Kind in die grüne Fläche rote, gelbe und blaue Punkte zu tupfen begann, sagte es: «Das ist die Ostersonne, und im Gras liegen die Ostereier.» (Mädchen, 8 Jahre)

Das Malen mit Pflanzenfarben

Das Malen mit Pflanzenfarben gibt den Kindern eine weitere Möglichkeit, sich mit dem Farbigen in der Welt zu verbinden. So wie die Farben draußen in der Natur sich gegenseitig durchdringen und ineinander fließen – z.B. am Himmel oder im Tautropfen – und wie sie im Wässrig-Feuchten glänzen, schimmern, leuchten, so erleben wir sie auch beim Malen mit den Pflanzenfarben.

Schon beim Anrichten der Farben sehen die Kinder staunend den Verwandlungen der Farbsubstanz zur Malfarbe zu. Überrascht stellen sie beim Malen später fest, dass diese Farben auf dem Malblatt viel weniger kräftig als im Farbtiegel sind. Dies ändert sich auch nicht, wenn sie die Farben vielmals übereinander malen. Auch dann behalten sie ihre Zartheit und Reinheit. Dort, wo sich die eine Farbe über die andere lagert, entstehen sehr feine Farbnuancierungen und sanfte Übergänge in neue Farbtöne.

Die Kinder malen deshalb gerne mit den Pflanzenfarben und empfinden sie als etwas Besonderes. Es scheint so, als ob die Kinder durch die Pflanzenfarben vom Zauber der lebendigen, elementaren Welt berührt würden (Abb. 17 a und b).

Die Vorbereitungen für das Malen mit den Pflanzenfarben sind andere als für das Malen mit Aquarellfarben: Die pulvrige Farbsubstanz (ca. eine Messerspitze voll) und die Harzemulsion (ca. 3-4 Tropfen) werden in einem Reibschälchen mit dem Stößel verrieben und einige Minuten stehen gelassen. Man kann auch zuerst das Farbpulver allein verreiben und dann die Emulsion zusetzen. Danach wird tropfenweise (mit einem sauberen Pinsel oder einer Tropfflasche) Wasser hinzugefügt und die Farbsubstanz weiter verrieben, bis Wasser, Farbpulver und Harzemulsion gleichmäßig verteilt sind. Die Dauer ist bei jeder Farbe verschieden. Die so entstandene Farbmasse wird dann in einem Anrührgläschen mittels eines Kännchens weiter (langsam!) mit Wasser verdünnt. Dabei ist zu beachten, dass die Farbe nicht zu dünnflüssig wird (vor allem bei Rot und Gelb), weil dann die Pigmentteilchen nicht mehr vermalt werden können. – Die pulvrige Farbsubstanz aus den Glasröhrchen ist der schon fertigen Farbe in Fläschchen oder Gläsern wegen des sparsameren Verbrauchs, der Haltbarkeit und der Farbenreinheit vorzuziehen. Auch sind das Reiben der Farbsubstanz in der Reibschale und das Anrühren der Farben wichtige, zum Malen mit Pflanzenfarben hinzugehörende Erlebnisse für die Kinder.

Mit den Pflanzenfarben kann auf jedem weißen, nicht geleimten Aquarellpapier gemalt werden. Das Saugpostpapier ist dazu nicht geeignet. Das Papier darf vor dem Malen nur angefeuchtet werden, da sonst die Farbe auf dem Blatt oberflächlich

Abb. 17 a: Höhle (Junge, 5 Jahre)

Abb. 17 b: Johannistimmung (Junge, 4¾ Jahre)

schwimmt und nach dem Trocknen des Papiers körnig auf diesem liegt.

Der Zartheit der Farben entsprechend malen wir mit Haarpinseln Nr. 18. Nach dem Malen werden die Pinsel mit etwas Seife gesäubert, damit sie nicht verkleben und hart werden, danach werden sie sehr gut ausgewaschen. Die Farbreste gibt man in die Reibschale zurück, sie trocknen darin ein. Beim nächsten Malen können sie mit zwei bis drei Tropfen Harzemulsion und wenig Wasser wieder angerieben werden.

Gedichte, die das Farbenmalen anregen können

Das Lied vom Monde (gekürzt)

Wer hat die schönsten Schäfchen?
Die hat der goldne Mond,
der hinter unsern Bäumen
am Himmel droben wohnt.

Er kommt am späten Abend,
wenn alles schlafen will,
hervor aus seinem Hause
zum Himmel leis und still.

Dann weidet er die Schäfchen
auf seiner blauen Flur,
denn all die weißen Sterne
sind seine Schäfchen nur.

Sie tun sich nichts zuleide,
hat eins das andre gern,
und Schwestern sind und Brüder
da droben Stern an Stern.

Hoffmann v. Fallersleben

Schneeflockenlied

Es steht ein Schloss in Schnee und Eis
aus schimmernden Kristallen.
Es hängt das Mondlicht silberweiß
an Tor und Turm und Hallen.

Schneekönigin, Schneekönigin,
mit langen, langen Locken,
die sitzt im Zauberschlosse drin
und spinnt an ihrem Rocken.

Sie spinnt mit weicher Frauenhand
viel weiße, weiße Sterne,
die weht der Wind wohl übers Land
weithin in weite Ferne.

Schneekönigin, Schneekönigin,
die spinnt an ihrem Rocken –
dann fallen auf die Erde hin
schneeweiße Silberflocken.

Manfred Kyber

Blaue Veilchen
im Garten
wollen Ostern
erwarten.

Marianne Garff

Traumliedchen

Träum, Kindlein, träum,
im Garten stehn zwei Bäum,
der eine, der trägt Sternlein,
der andre Mondenhörnlein.

Da kommt der Wind der Nacht gebraust
und schüttelt die beiden mit rauer Faust.

Das Mondenhörnlein-Bäumlein steht,
als wäre gar kein Wind, der weht.

Dem Sternenbäumlein aber, ach,
dem fallen zwei Sternlein in den Bach.

Da kommen zwei Fischlein munter
und schlucken die Sternlein hinunter.

Und hätte es nicht sterngeschnuppt,
so wären sie nicht so schön geschuppt.

Träum, Kindlein, träum,
im Garten stehn zwei Bäum,
der eine, der trägt Sternlein,
der andre Mondenhörnlein.

Träum, Kindlein, träum …

Christian Morgenstern

Vom Baume schüttelt's Hellerlein,
Goldschüsselchen und Tellerlein;

da spricht der Wicht im Birkenwald:
«'s wird abgedeckt. Es herbstelt bald.»

Marianne Garff

Falterseelchen schwingt und schwebt,
wo das Licht die Pfade webt,
von der Glockenblumenau
hoch hinauf ins Himmelsblau.

Marianne Garff

Johanniskäferchen

Es fliegt ein feurig's Männlein um
zwischen Hag und Hecken,
hat ein goldig's Laternle um,
kann sich nicht verstecken.
Feurig's Männlein auf dem Hag,
gib mir dein Laternle ab!

Volksgut

Literaturverzeichnis

1 R. Steiner: *Die Erziehung des Kindes vom Gesichtspunkte der Geisteswissenschaft* (1907). Dornach 1992. Einzelausgabe.

2 R. Steiner: *Die gesunde Entwickelung des Leiblich-Physischen als Grundlage der freien Entfaltung des Seelisch-Geistigen.* 17 Vorträge, Dornach, 23. Dezember 1921 bis 7. Januar 1922. GA 303. 4. Vortrag.

3 A.a.O. (Anm. 1).

4 R. Steiner: *Die pädagogische Praxis vom Gesichtspunkte geisteswissenschaftlicher Menschenerkenntnis. Die Erziehung des Kindes und jüngeren Menschen.* 8 Vorträge, Dornach, 15. bis 22. April 1923. GA 306. 5. Vortrag. Wer sich für eine ausführliche Darstellung des Sehvorgangs aus wissenschaftlicher Sicht interessiert, sei auf den Aufsatz von J. Grube verwiesen: Der Sehvorgang, in: *Beiträge zu einer Erweiterung der Heilkunst nach geisteswissenschaftlichen Erkenntnissen.* Heft 1/1984.

5 A. Steffen: *Geist-Erwachen im Farben-Erleben.* Verlag für Schöne Wissenschaften, Dornach 1968.

6 J. W. v. Goethe: *Farbenlehre*, 1810. Neuauflage (Einleitungen und Anmerkungen von Rudolf Steiner) im Verlag Freies Geistesleben, Stuttgart 2003.

7 R. Steiner: *Das Wesen der Farben.* 3 Vorträge, Dornach, 6. bis 8. Mai 1921. GA 291. 3. Vortrag.

8 M. Woloschin: Erinnerungsblätter aus arbeitsreicher Zeit. Nach H. Hauck: *Kunst und Handarbeit.* Verlag Freies Geistesleben, Stuttgart 1993.

9 R. Steiner: *Erziehungskunst. Methodisch-Didaktisches.* 14 Vorträge, Stuttgart, 21. August bis 5. September 1919. GA 294. 3. Vortrag.

10 R. Steiner: *Allgemeine Menschenkunde als Grundlage der Pädagogik.* 14 Vorträge, Stuttgart, 21. August bis 5. September 1919. GA 293. 8. Vortrag.

11 H. Keller: *Licht in mein Dunkel.* Swedenborg-Verlag, Zürich 1955.

12 U. Burkhard: *Farbvorstellungen blinder Menschen.* Birkhäuser Verlag, Basel – Boston – Stuttgart 1981.

13 A.a.O. (Anm. 9).

14 A.a.O. (Anm. 2), 12. Vortrag.

15 A.a.O. (Anm. 4).

16 A.a.O. (Anm. 2), 12. Vortrag.

17 A. Steffen: *Passiflora.* Verlag für Schöne Wissenschaften, Dornach 1939.

18 R. M. Rilke: *Briefe über Cezanne.* Insel-Verlag Taschenbuch 672, Frankfurt 1983.

19 L. Lionni, zitiert nach A. Schröder: *Farbgeschichten.* Siehe Anm. 20.

20 A. Schröder: *Farbgeschichten.* Verlag Freies Geistesleben, Stuttgart ²1988.

21 A.a.O. (Anm. 4)

22 R. Steiner: *Konferenzen mit den Lehrern der Freien Waldorfschule in Stuttgart 1919 bis 1924.* 1. Band. GA 300/1. Konferenz vom 15. November 1920.

23 R. Steiner: *Geistige Wirkenskräfte im Zusammenleben von alter und junger Generation. Pädagogischer Jugendkurs.* 13 Vorträge, Stuttgart, 3. bis 15. Oktober 1922. GA 217. 10. Vortrag.

24 A.a.O. (Anm. 4).

25 E.-L. Damm: *Malen mit seelenpflege-bedürftigen Kindern.* Verlag Freies Geistesleben, Stuttgart 1999.

26 M. Jünemann und F. Weitmann: *Der künstlerische Unterricht in der Waldorfschule. Malen und Zeichnen.* Verlag Freies Geistesleben, Stuttgart 1986.

27 A.-U. Clausen und M. Riedel: *Schöpferisches Gestalten mit Farben. Mit Materialkunde. Methodisches Arbeitsbuch*, Band IV. 2. Auflage, Ch. Mellinger-Verlag, Stuttgart 1977.

Weiterführende Literatur

Weitere Anregungen zum Malen mit Kindern finden sich in den Büchern von A. Schröder[20], E.-L. Damm[25], M. Jünemann und F. Weitmann[26] und A.-U. Clausen und M. Riedel[27]. Allgemeine Gesichtspunkte zum Farbenmalen werden von Rudolf Steiner im 3. Vortrag der Vortragsreihe *Das Wesen der Faben*[7] entwickelt. Für das Einleben in das Farbenmalen ist das Buch von A. Steffen *Geist-Erwachen im Farben-Erleben*[5] gut geeignet.

A. Weissenberg-Seebohm
Mit Kasperle durch das Jahr
Vier große Kasperle-Stücke
Werkbücher für Kinder, Eltern und Erzieher, Band 5
64 Seiten mit schwarzweißen Abbildungen, kartoniert

Wenn sich der kleine Vorhang öffnet und fröhlich das Kasperle seine Zuschauer begrüßt, schlagen Kinderherzen höher. In diesem Buch finden sich vier Stücke, die einen Bezug zu den Jahreszeiten und den vier großen Festen – Ostern, Johanni, Michaeli und Weihnachten – haben und so das ganze Jahr über das Wohn- oder Kinderzimmer zu einem besonderen Theater werden lassen.

Renate Jörke
Färben mit Pflanzen
Arbeitsmaterial aus den Waldorfkindergärten, Band 3
80 Seiten mit zahlreichen Zeichnungen, kartoniert

Von einem historischen Abriss über die alte Kunst des Färbens, einer kleinen Textilkunde, den einzelnen farbgebenden Pflanzen und ihrer Erntezeit bis zu den Techniken des Färbens selbst schildert Renate Jörke in Text und begleitenden Illustrationen die wesentlichen Hintergründe und Möglichkeiten des Färbens mit naturbelassenen Materialien.

Verlag Freies Geistesleben

Freya Jaffke
Spielzeug – von Eltern selbst gemacht
Arbeitsmaterial aus den Waldorfkindergärten, Band 1
157 Seiten mit zahlreichen farbigen und schwarzweißen Abbildungen, kartoniert

Der Spielzeug-Klassiker jetzt in einer farbig illu-
strierten Neuausgabe.
Hier lernen Eltern, wie sie einfaches Spielzeug, das
die kindliche Fantasie zum Spielen anregt, selber
machen können.

Freya Jaffke
Mit Kindern malen
Wachsfarben, Aquarellfarben, Pflanzenfarben
Arbeitsmaterial aus den Waldorfkindergärten, Band 20
79 Seiten mit farbigen Abbildungen, kartoniert

Mit ihrem Malbuch will die erfahrene Waldorf-
kindergärtnerin und Dozentin Freya Jaffke das
Malen mit Wachs-, Aquarell- und Pflanzenfarben
anregen. Dabei erhält der Erwachsene zahlreiche
Hinweise, wie er selbst mit diesen Farben umgehen
kann, damit die Kinder durch sein Vorbild zu einem
malerischen Tun angeregt werden.

Verlag Freies Geistesleben

Freya Jaffke
Wir gestalten mit Holz für Kinder
Arbeitsmaterial aus den Waldorfkindergärten, Band 16
87 Seiten mit zahlreichen farbigen Abbildungen,
kartoniert

Mit ganz bescheidenen Mitteln und nur wenigen
Werkzeugen können Eltern Holzspielzeuge für Kin-
der herstellen. Hierfür gibt Freya Jaffke zahlreiche
Anregungen.

Dagmar Schmidt / Freya Jaffke
Gestalten mit farbiger Wolle
Werkbücher für Kinder, Eltern und Erzieher, Band 12
75 Seiten mit zahlreichen farbigen und Schwarzweiß-
Abbildungen, kartoniert

Das Büchlein gibt Anleitungen in die Kunst des
Märchenbilderlegens für Anfänger und Fortgeschrit-
tene. Es handelt sich dabei um einfache Bilder,
wie Kinder sie legen, die immer wieder verändert
werden können, aber auch um differenzierter ge-
staltete Arbeiten, die von Erwachsenen gestaltet
werden können.

Verlag Freies Geistesleben

Freya Jaffke
Tanzt und singt!

Rhythmische Spiele im Jahreslauf
Arbeitsmaterial aus den Waldorfkindergärten, Band 10
104 Seiten mit farbigen Abbildungen, kartoniert

Diese Sammlung kleiner Lieder und Reigenspiele will bei Kindern die Lust auf gemeinsames Spielen und Singen fördern und gleichzeitig den Jahreslauf und die Umwelt erlebbar machen. Sie gibt Anregungen für den Kindergarten, für Kindergruppen und zu Hause.

Freya Jaffke
Spiel mit uns!

Gesellige Spiele für Kinder von 3 – 6 Jahren
Arbeitsmaterial aus den Waldorfkindergärten, Band 12
64 Seiten, kartoniert

In diesem Band sind besonders bewährte Spiele zusammengestellt, die ohne große Vorbereitung überall gespielt werden können. Zu jedem Spiel gibt es genaue Anleitungen sowie die entsprechenden Texte und Melodien.

Verlag Freies Geistesleben

Johanna-Veronika Picht
Zwerge
Wie man sie sieht, wie man sie macht, wie man mit
ihnen umgeht
Arbeitsmaterial aus den Waldorfkindergärten, Band 9
62 Seiten mit zahlreichen farbigen Abbildungen,
kartoniert

In diesem Buch finden sich Beiträge zu einem
Verständnis der Elementarwesen, Gedichte und
Verse, Strick- und Materialanleitungen sowie eine
Farb- und Namensliste der Hottinger-Zwerge.

Hanne Huber
Gestalten mit Bienenwachs im Vorschulalter
Arbeitsmaterial aus den Waldorfkindergärten, Band 21
62 Seiten mit zahlreichen Schwarzweiß-Abbildungen,
kartoniert

Hanne Huber hat mit dem Plastizieren von Bienenwachs in ihrer Kindergartengruppe langjährige
Erfahrungen gesammelt, die sie hier vorstellt. An-
hand zahlreicher Fotos können die verschiedenen
Formen, die Kinder mit diesem Material gestalten,
nachempfunden werden.

Verlag Freies Geistesleben

Michaela Kronshage
Laternenzeit

Anregungen zur Festgestaltung und zum Basteln von Laternen

Arbeitsmaterial aus den Waldorfkindergärten, Band 19
112 Seiten mit zahlreichen farbigen Illustrationen, kartoniert

Michaela Kronshage gibt Anregungen zur Festgestaltung und zum Basteln von Laternen, ergänzt durch Laternenlieder, Transparente und Rezepte.

Michaela Kronshage / Sylvia Schwartz
Mit farbigen Transparenten durch das Jahr

Arbeitsmaterial aus den Waldorfkindergärten, Band 23
95 Seiten mit zahlreichen farbigen Abbildungen, kartoniert

Farben haben für Kinder etwas Faszinierendes, besonders wenn durch das Schichten unterschiedlicher Farbtöne und durch den Einfall des Lichtes neue, ganz andersartige Farbklänge entstehen. Das Transparentpapier bietet sich für solche Farbspiele als ideales Material an. Die Autorinnen zeigen in ihrem Buch, wie sich für jede Jahreszeit Transparente gestalten lassen, die den Alltag im Kindergarten und zu Hause farbenfroh begleiten können.

Verlag Freies Geistesleben